极简
课堂管理法

给教师的
18个精进课堂管理的建议

IN 18 SHORT,
SIMPLE
LESSONS

THE TOTAL
CLASSROOM
MANAGEMENT
MAKEOVER

［美］ 迈克尔·林辛 著
Michael Linsin

中国青年出版社

图书在版编目（CIP）数据

极简课堂管理法：给教师的18个精进课堂管理的建议 /
（美）迈克尔·林辛著；黄珏苹译.—北京：中国青年出版社，2023.6
书名原文：The Total Classroom Management Makeover: in 18 short, simple lessons
ISBN 978-7-5153-6960-0

Ⅰ.①极… Ⅱ.①迈…②黄… Ⅲ.①课堂教学—教学管理 Ⅳ.①G424.21

中国国家版本馆CIP数据核字（2023）第083161号

极简课堂管理法：
给教师的18个精进课堂管理的建议

作　　者：[美]迈克尔·林辛

译　　者：黄珏苹

责任编辑：肖妩嫔　丁　兴

美术编辑：张　艳

出　　版：中国青年出版社

发　　行：北京中青文文化传媒有限公司

电　　话：010-65511272 / 65516873

公司网址：www.cyb.com.cn

购书网址：zqwts.tmall.com

印　　刷：大厂回族自治县益利印刷有限公司

版　　次：2023年6月第1版

印　　次：2023年6月第1次印刷

开　　本：787mm×1092mm　1/16

字　　数：48千字

印　　张：10

京权图字：01-2022-5522

书　　号：ISBN 978-7-5153-6960-0

定　　价：49.00元

目 录
CONTENTS

• 目 录 •

几乎一切都是噪音，只有极少数事物具有非凡的价值。

——格雷戈·麦吉沃恩（Greg McKeown），
《精要主义》（*Essentialism*）作者

引 言
INTRODUCTION

激发学生的内驱力

我于2009年创建了名为"智慧课堂管理"（The Smart Classroom Management）的博客。如今博客里囊括了数百种课堂管理策略，已经成为无数教师的资源宝库。但是如果你想整合出一套每天都可以使用，且简单而全面的课堂管理方法，就会觉得无从下手。你不知道如何将这些策略整合到一起，也不知道哪些策略最为重要。

　　如果我接手一个新的班级，或者明天接手你的班级时，我会重点采取几个核心策略，让班里的学生变得快乐而守规矩，从而成为我想教的班集体。你将从本书学到这些核心策略，一共18条。

　　虽然这18条策略其实都是一些简单的注意事项，却可以从动机、行为和工作习惯三个方面为你带来改变，使你的执教生涯成功且充实。这些策略构成了一套适用于任何教师的课堂管理方法。无论你教的是几年级，无论你在何处教书，采用这套方法都会奏效，并且让你感到自信。

　　《极简课堂管理法》是实现有效课堂管理且简单易行的诀窍。它基于一种把培养学生的学习能力和社交能力放在首位的理念，而这一理念刚好对教师自身也大有裨益。本书旨在使每个学生产生强烈的内驱力去听讲、去学习、去守规矩。

　　大多数教师会从几十种不同资源中选择他们的课堂管理策略，殊不知其中的很多策略不应该一起使用。事实上，这些策略往往会相互矛盾，以致为课堂管理增加了许多不必要的困难。还有很多教育界人士推荐使用的策略，可能当时会起到遏制学生不良行为的作用，但是随着时间的推移，情况反而会变得更糟，甚至可能会对学生有害，此外这样做也会让你觉得不舒服，同时觉得自己控制欲过强。

　　你在这本书里学到的一切策略都是光明正大的，而且从长远来看这些策略对学生也是最有益的。换言之，采用这些策略，会让你为自己的课堂管理方法感到自豪。虽然单独采用这些策略中的一条也能奏效，但是如果将它们结合起来用就会带来质的改变，并且随着时间的推移，所产生的效果会越来越强大。

在开讲之前，有一点需要说明，即我已经尽可能让每一讲的内容简明扼要。因此，本书没有对种种具体情境给出详细的解释或建议。这类内容可以在我已出版的作品中找到。你将看到的是适用于每个课堂的具体方法。这些方法以简明易懂的方式呈现出来，让你明白怎样做才能成为一名出色的教师。书中的每一讲都简单而切中要害，只包含最精要的内容。

我敢保证，如果你认真地把从本书学到的东西付诸实践，你的班级将会成为全校最勤奋、最守规矩的班级。马上就要开讲了，我感到精神为之一振，希望你也是如此。

清理教室

Tidy Up

01 清理教室

通过清理教室让它变得干净整洁，来传达出这样一个信息，即这是一个追求卓越的地方。

第一条策略就是把所有杂七杂八的东西从你的教室中清理出去。如此一来，当教室里没有人的时候，会看起来简洁敞亮。书、笔记本电脑、各类用品……任何不属于教室中桌、椅和柜子附带的物品都应该收起来，并且保持干净整洁。尽可能放大这种井然有序的氛围，对提高课堂管理很重要。

当每个走进教室的人都不禁发出赞叹，或者像参观博物馆一样轻手轻脚时，这就证明你做到位了。你要使每个初次走进你的教室的家长、教师和学生都有眼前一亮的感觉。如果他们没有这种反应，那就说明你做得还不够。这样做的目的是含蓄地传达出一个信息，即这是一个追求卓越的地方，成为它的一部分就会变得与众不同。这个策略的效果极佳，且有助于为你所做的每一件事树立高标准。

研究表明，当视觉刺激混乱时，学生往往会出现行为紊乱。杂乱无章的教室不仅分散学生的注意力，还让他们倍感压力。这不仅破坏学生的安全感和幸福感，还会激发他们的兴奋性，而兴奋性是学生不良行为的最大诱因之一。你的目标是打造一个守规矩的班级，而乱糟糟的教室却让这个目标格外难以实现。因为杂乱的视觉环境所传达的做事粗糙和不思进取之类的信息正不断地对学生产生冲击和影响，从而导致你每天不断地与这样的信息进行对抗。

相反，整洁的视觉环境传达给学生的信息是平静与专注，并且与接下来将要介绍的各个策略相得益彰。整洁也会使学生感受到一个崭新的你每天以崭新的态度迎接他们，也会让他们看到追求卓越的内在回报。

所以要扔掉杂七杂八的东西，舍弃不必要的东西，包括任何你在过去一年中没有使用过的东西。讲桌上要少放东西，要看起来赏心悦目。确保你的学生收拾好自己的东西，使课桌整洁，还要在放学前把桌椅摆放整齐。

让你的教室在整洁清爽和追求卓越方面出类拔萃。这只需投入很少的时间，但投入的每一秒都是值得的。**优先做好这一点，并使其成为日常习惯。如此一来，你在本书中学到的其他策略就更容易水到渠成。**

杜绝摩擦

Remove Friction

杜绝摩擦

杜绝任何形式的摩擦，自然而然地建立起信任、尊重以及亲和感。

现在，马上下定决心，以后绝不再采用任何可能使自己与学生产生摩擦的工作方法。所谓摩擦，是指任何可能导致他们讨厌或憎恨你的事情，其中包括讥讽、说教、威胁、瞪视、责骂，以及任何形式的恐吓或嫌弃。

当你不再对学生的不良行为产生情绪反应，并且连这些情绪反应发生的可能性也一并杜绝时，你的课堂环境就会整体发生改变。学生们看待你的方式也会因此发生改变。他们对你的尊敬，对你的信心，对你和你的领导能力的信任都会倍增。只要行事积极公正，你的受欢迎程度就会飙升，同时你的学生会想方设法讨你喜欢，并为了你而遵守规矩。

　　杜绝摩擦使你具备了有效管理哪怕是最难管的班级所需的手段和影响力。但关键是，你永远不能走回头路。你要对自己一刻都不能放松警惕，且永远不能做对学生有害或让他们承受心理压力的事。因为根据滑坡效应，彻底放弃要比取得一点进步容易得多。

　　不过，令人欣慰的是，随着时间的推移，当你感受到学生身上所发生的巨大改变时，你就不用再时刻想着杜绝摩擦，因为这种意识已经融入到你的思维方式中，并已成为你在学校日常行为习惯的一部分。

　　因此，你要承诺永远不再与任何学生产生摩擦，无论他们有多么难缠，无论他们的行为有多么过分，无论他们让你感到多么沮丧。**这是一个赋予你力量，并改变你执教生涯的**

决定，也是你改善课堂管理的关键一步。接下来会发生什么变化，这很大程度上取决于你是否拒绝采用恐吓、威胁或消极情绪来遏制学生的不良行为。当你知道应该怎么做时，你会感到更自由、更快乐。

摒弃奖励

Stop Rewarding

03

摒弃奖励

为了培养学生的内驱力，不要用奖励来换取他们良好的表现。

别再用奖励来换取学生的良好表现，这是你能为他们做的最有益的事情之一。虽然代币法①、行为契约法②、奖品箱法和其他用行为换取奖励的课堂管理方法都能有效地让你的班级具有外驱力，但同时也削弱或彻底消除了学生的**内驱力**。

当学生表现良好时，你就奖励他们"一朵小红花"、自由活动时间或其他奖品，你这样做传达给学生们的信息是，只要做到文明礼貌、尊重他人和专心听讲就应该得到回报。

---

① 代币法是行为疗法中运用最广泛的方法之一，用奖励强化所期望的行为，用惩罚消除不良行为而达到目的。——编者注

② 行为契约法是行为主义心理学中常用于改变行为的方法之一，用强化和惩罚相偶联来帮助个体管理行为。——编者注

如此一来，你在那些本就对学生有益的东西贴上了价签，从而抹杀了做正确的、美好的以及对自己和他人有益的事情的内在价值。

奖励不利于吸引和保持学生的注意力，不利于培养他们扎实的学习习惯，也不利于激发他们对学习本身的热爱。简言之，奖励不利于学生专注于学习并远离不良行为。这样做很费时间，还使学生倍感压力，同时也让你觉得自己很卑鄙，且控制欲过强，仿佛仅仅为了熬过这一天而贿赂学生。这种奖励会使你偏离自己的首要工作，即向学生们讲授令他们喜欢并能产生强烈兴趣的课程。

奖励是一种效果会随着时间的推移而减弱的短期方法，你需要不断地加大奖励的力度或经常改变奖励的形式，去满足此时已感到厌倦的学生。更糟糕的是，研究表明这种课堂管理方法甚至会助长学生的不道德行为，例如作弊和投机取巧。在一个受到外部激励的班级里，通常学生彼此之间不太友好。采用这种方法往往使他们变得自私自利和自以为是。

试着摒弃所有奖励措施，让自己想都不要去想。无论你的同事怎样做，或者你所在的学区鼓励怎样做，你都要拒绝做任何对学生无益的事情。摒弃那些妨碍你创建学生们都喜欢，并向往成为其中一员的独特班集体的因素。

只要做出摒弃奖励这一简单的改变，你的学生就会变得比以往快乐得多。他们会变得更勤奋、更守规矩以及更无私，同时，他们彼此会建立良好的同学关系和友谊。这样做也会让你的生活更轻松，让你开始建立起对自己的班级真正的爱，而这是你能给予学生们的最大奖励。

可以把日常表现评分作为一种学业反馈和评估的形式，这是我向高中教师推荐的有效的课堂管理方案的一部分。这种方法是完全可行的，且不属于外在奖励。

不要劝说

Stop Convincing

04

一不要劝说

不要试图劝说学生守规矩，因为这会削弱你的权威，并使他们掌握主动权。

不要试图通过劝说来使学生守规矩。不要把他们拉到一边，说些勉励和规劝的话。不要恳求他们或让他们觉得内疚，也不要试图促使他们守规矩。不要迎合他们对是非的认识，也不要强迫他们说出你想听的话。不要哄骗，不要乞求，不要寄希望于有一天他们会有所进步。

因为当你抱着规劝的心态和学生们交流时，你的言行就会清晰而响亮地表明，你有多么在乎他们的行为。也就是说，你这样做就让他们知道了他们的行为对你的影响有多深，给你带来的压力有多大，以及让你有多恼火。如此一来，你就削弱了自己的权威，并将师生关系中的控制权转让给对方。你让他们掌控了你一天的喜怒。他们会迫不及待地接受你交出的主动权。

学生们这样做并非有意为之。他们并没有处心积虑地篡夺你的权威。这只是人性使然。当领导力出现空白时，也就是当你试图劝说学生守规矩时，你的学生就会填补这个空白。如果这个空白足够大，他们就会从你的手中夺取对班级的控制权。

试图劝说学生守规矩是最常见的课堂管理方法之一。在我走访过的每一间教室里我都见过这种方法。这也是一种让人倍感压力的工作方法。如果我必须依靠自己的肢体语言、说话的口吻和巧妙的措辞来劝诱学生守规矩，那么我肯定不会成为一名教师。

那么，应该怎么做呢？请看下一讲。

制订方案

Have A Plan

05

制订方案

制订课堂管理方案，以保障每个学生学习和享受学校生活的权利。

别再试图通过威胁、贿赂或劝说来使学生守规矩，其实你只需依靠一套课堂管理方案。制订课堂管理方案的目的只有两个：第一是让学生对干扰课堂秩序或不尊重他人的行为负责，同时避免师生间产生摩擦，第二是保障每个学生学习和享受学校生活的权利，仅此而已。

一套有效的课堂管理方案要包括一套涵盖所有可能的不良行为的规则和一套能引起学生们重视的惩罚措施。我推荐的两套方案，一套是为小学和初中教师准备的，一套是为高中教师准备的，可在我的博客"智慧课堂管理"上购买和下载。

这两套方案已被证明在最具挑战性的教学场景中以及最棘手的学生身上都行之有效。

不过，我需要强调的是，我所推荐的方案并无神奇之处。你大可根据自己的实际需求来制订方案。"智慧课堂管理"上有免费指导你如何制订方案的文章。神奇之处不在于方案本身，而在于你对方案始终如一地执行，以及你能够使学生们对惩罚措施予以重视。

我敢保证，如果你遵循本书中我所提供的建议，包括前三讲中提到的那些注意事项，你设定的惩罚措施就一定会引起学生们足够的重视。我有从幼儿园到高中各个年级30年的执教经验，教过的学生成千上万，所以我对此颇有心得。

在大多数班级里，那些表现良好的学生和那些受到了某种惩罚的学生在个人感受上并无区别，这就是教师设定的惩罚措施无效所造成的。从本质上讲，我们要做的就是运用从本书中学到的简单而有效的方法来扩大两类学生在感受上的差异，这样你的学生才会喜欢你、尊重你，并且爱上你的课堂。如此一来，他们就不想与你设定的惩罚措施有任何干系。

这就是所谓影响力，也是教学中美妙的感受之一。当你得知仅仅一个温和的警告就足以阻止学生不良行为的发生时，你就会信心倍增，同时你也具备了成为自己心目中杰出教师所需的一切。

正如这一讲最开始提到的，依靠课堂管理方案，而非试图通过威胁、贿赂或劝说来管理学生的好处在于这样做不会制造压力。你会始终明白自己该如何应对学生的不良行为。你也会问心无愧，摆脱忧虑或恐惧，并且清楚自己是在以一种对学生最公平、最有益的方式来管理课堂。

最后，按照既定方案去处理那些令人不快的事，你与学生的关系就会变得轻松自在，你就可以不受干扰地把课上好，这反过来又会让你的方案在执行上变得更有力度。接下来的三讲我会告诉你如何以最有效的方式执行你的课堂管理方案。

阐明方案

Lay It Out

06 阐明方案

向学生完整地阐明你的课堂管理方案，这样学生就不会产生误解，知道你的界线在哪里，以及如果越界了要接受什么惩罚。

无论是在学年开始时，还是到了学年中期，当你打算重新获得对班级的掌控时，你都要向学生们完整地阐明课堂管理方案。你要向他们公布方案的每一个细节，让他们逐一明确如果他们不守规矩会发生什么。这样做可以避免让他们感到意外或产生误解。如果他们选择不守规矩，那么毫无疑问，他们清楚会发生什么。

这是让他们承担责任并下决心不再犯同样错误的关键。对他们来说，准确地知道你划定的边界在哪里，并清楚这些边界是固定的，且没有商量的余地，他们会觉得心里有底。这可以让你的学生感到放松，从而集中精力学习和享受学校生活。

　　向学生说明你在执行课堂管理方案中所扮演的角色，从而明确你和学生的责权。要做到这一点，你必须详细阐明你的方案，这样他们才能确切地知道边界在哪里以及自己是否越界。很少有教师能完全做到这一点，而仅仅这一点就具有强大的威慑力，因为学生明确了这一点之后，他们的每一种不良行为就都成了有意识的选择，而非冲动所致。学生年龄越小，你就越需要对方案中的每一条规则进行示范，从什么行为算破坏规则，到你会做出何种反应，再到如何让他们及时叫停自己。对于高中生，尽管你不需要做如此具体的示范，但依然需要做出详细解释，比如当你对他们做出处理时，你会说哪些话，这些话是什么意思，以及他们应该怎样回答。

　　通过预先阐明你的方案，可以避免引起争执、抱怨和困惑。此外，通过让家长们在包含课堂管理方案的年度教学大纲的资料袋上签字，来明确权责，可以使你避免接到来自家长怒气冲冲的电话。

不过，最重要的是，通过详细阐明你的计划，可以使你避免因学生受到惩罚而受到情感伤害、怨恨或指责。因为你的方案公开透明，同时你不愿意通过说教、责骂等方式来加重惩罚，如此一来，一切责任全在不守规矩的学生，与你无关。

因此，无论是在学年开始时，还是到了学年中期，当你打算重新获得对班级的掌控时，你都要向学生们完整地阐明课堂管理方案。把方案中的一切细节都摊开，不要有任何遗漏，同时明确责权，这样你的课堂管理方案就能发挥其应有的作用了。

做出承诺

Make A Promise

07

做出承诺

向学生承诺，你会严格按照自己对课堂
管理方案的阐述去执行。

在确定学生们都已明白你的课堂管理方案之后，你要郑重地公开承诺，你会严格按照自己对方案的阐述来执行。当你以自己的真诚和信誉来向学生们做出这种承诺时，课堂管理方案就很容易得到贯彻执行。这种加码为你施加了足够的压力，使你言出必行。换言之，这是一种确保你将课堂管理方案贯彻到底的策略。

这样做很重要，原因有三：

第一，如果你没有按照自己阐述的方案去做，如果你仅凭自己的情绪、学生犯错的严重程度或犯错的人是谁来让他们接受惩罚，你就无法赢得学生们的信任。他们就会怨恨你，并处处与你作对，比如为什么卡拉未经允许就离开了座位，而我就不可以？究竟为什么？**建立有影响力的师生关系是本书的一个核心原则**，而你的做法使之成为不可能，尤其是对于那些最难管教的学生。

第二，当学生每一次不守规矩都要为此付出代价时，当有完备的问责制度时，特别是当他们敬重你并爱上你的课堂时，不良行为往往会渐渐消失。我们将在后文中详细讨论这一点。

第三，如果不能做到始终如一，你很可能会养成一些坏习惯，例如瞪视、威胁、拔高嗓门以及其他容易造成摩擦的行为。在教师出尔反尔的班级，你几乎总能看到学生们愤怒、对抗和消极的行为。

你可以这样说："我向你们承诺，我会严格按照自己对课堂管理方案的阐述去执行。"，然后放手去做。以自己的真诚与信誉做出承诺，并且态度决绝。如此一来，学生们绝不会认为你是一个优柔寡断、软弱无能或不可信赖的人。相反，他们会把你视为一位有能力且自信的领导者，并令他们由衷地信任、敬服。

正确监督

Supervise

08 正确监督

把自己定位为一个密切监督学生课堂表现的人，并履行承诺，每次执行规则都做到始终如一。

对于始终如一地执行课堂管理方案，教师们普遍存在一种担忧，即如果学生背着你不守规矩该怎么办？比如，当你转身的时候，一个学生推了另一个学生一把。面对这种情况，你该如何做到始终如一？这需要从以下几方面来分析。

当学生们认为你好对付且只会让学生承担责任时，这种情况才较有可能发生。只要你对的规则做出界定，让学生明确地知道什么事可以做，什么事不可以做，并且每当你目睹不良行为时，严格按既定方案执行，学生们背着你不守规矩的可能性就会变得很小。再加上他们对你萌生的敬意，以及对你的课堂的喜爱，这类情况发生的可能性就会变得更小。

留意学生的不良行为以及他们在课堂上的其他表现是你的分内之事。这里的关键在于你的站位，要让自己始终正对学生。敏锐的观察力也很重要，我们将在后面讨论这一点。如果你分心忙于为某事做准备，或者忙于给一个又一个学生提供帮助，那么你就给学生不守规矩开了绿灯。而这会使学生认为你是一个好对付的人。

对不良行为最大的威慑之一是让班上每个学生都知道老师一直在看着他们，并且老师会严格按照课堂管理方案来执行。**你要这样想象，你在执行规则和惩罚时所扮演的角色是一名裁判，你要始终注意学生的一举一动，并且保持沉着冷静，不带情绪，甚至要像机器一样毫不变通。处理完之后，要像什么都没发生一样，继续做你的事。**

保持友善

Be Pleasant

09 — 保持友善

从早到晚你都要对学生保持友善。如此一来，你就能同学生轻松地建立起融洽的关系，并形成影响力。

在教育圈，有很多关于如何更好地建立融洽的师生关系的讨论，这是很有必要的。和学生关系融洽会让一切都变得更顺畅、更愉快。对于创造一种学生乐于参与的班级氛围，融洽的关系也发挥着重要作用。反过来，这也会使他们重视你设定的规则与惩罚措施。

传统观点认为，融洽的师生关系需要你努力地经营。为了和学生建立起牢固的关系，你需要采取一些策略。然而事实上，你越是努力尝试，越是想跟学生交谈，越是试图更好地了解他们，往往最终你会发现他们和自己越发疏远。因为当你刻意地与学生建立融洽的关系时，学生会感到尴尬、别扭。

遗憾的是，如果你没有注意到这种现象，你将难以建立有影响力的融洽关系，而且不明所以。这会击垮你的信心，同时让你误以为自己不具备做教师所必须的感召力和口才。

那么，该如何解决呢？你只要按照前8讲的建议去做，避免制造摩擦，始终维护学生学习和享受学校生活的权利，你就超越了大多数教师。仅凭这些优点，你的学生就会信任并尊重你。

你可以做一些让他们对你产生兴趣的事，从而使他们愿意更好地了解你。**当你成功地引起他们的兴趣时，当他们想和你交流并且想花时间与你共处时，你们的关系就会变得自然、融洽。**

下课后学生们围着你转，你同他们毫无拘束地嬉笑打趣。在这种氛围中，融洽的关系会自然而然地建立起来。只要你不再责骂、说教、威胁和制造摩擦，而是始终与学生保持单纯的友善，你非但不必担心这种融洽关系会破裂，还会发现学生们主动来找你拉近关系。

值得一提的是，得益于课堂管理方案的有效实施，你能够展现自己的个性，并享受与学生共处的时光，从而建立起融洽的师生关系，增强师生感情，营造温馨和谐的学习环境。如果你不按照既定方案去做，那么你很可能会养成坏习惯，而这往往会严重损害你与学生建立融洽关系的能力。

还有一点，这种程度的融洽关系会使你对他们的行为产生巨大的影响。换言之，你的学生会竭尽全力地不让你失望或不扰乱课堂秩序。他们会设法令你满意，听你的话，为你守规矩。

在下一讲中，我将告诉你一种方法，能够确保你在学年中的每一天都保持友善。

刻意冷静

Decide

10

刻意冷静

为了保持友善，消除课堂中的兴奋性，每天早上你要下决心无论发生什么事情，都要保持冷静。

这些年来，我有机会近距离观察很多课堂。我发现当教师对学生的行为管控存在困难时，他们的课堂总会呈现出一个特点，那就是充斥着兴奋性，一种弥漫在课堂中的紧张感。如果仔细观察，你可以从学生们的脸上和他们的肢体语言中看到交杂在一起的过剩精力和躁动不安。

我常常一进教室门立刻就能感受到这种兴奋性。此时，这种感觉会让我很紧张，同时也表明这位教师很需要帮助。可奇怪的是，虽然我能明显地感受到这一点，但教师往往毫无觉察。他们要么习惯了这种紧张不安的氛围，要么认为这本就是教学的一部分。然而，并非如此。

到目前为止，我们所探讨的大部分内容都有助于保持课堂的安静。不过有一点对兴奋性的影响最大。如果你想营造出自己心目中理想的教学体验，有一个问题你必须解决，就是你的性情。

一个冷静的课堂管理者能有效地清除课堂中的兴奋性以及伴随而来的不良行为。再说一遍，前面9讲的内容能自然而然地让你变得更冷静。此外，哪怕仅仅是了解到冷静的重要性对你都会有所助益。

我推荐一种经过验证有效的方法，它能让你做到像高山上的湖泊一样平静。即使平时你是一个容易紧张、焦虑的人，这个方法也能让你一整天都保持平和友善，从而与学生们建立起融洽的关系。方法如下：

每天早上你要赶在学生进入教室之前，关上教室的门，花点时间进行深呼吸和放松，然后闭上眼睛，让自己下定决心，无论今天发生什么事情，哪怕一群水牛冲进来，你的内心和外表都要保持冷静、克制，不允许自己有任何失态。

这就是完整的方法，仅此而已。

我猜你可能认为这个方法似乎过于简单了，似乎不可能奏效，但实际上它的效果奇佳。你会惊奇地发现，自己的感受前后竟会如此不同，保持冷静竟然如此简单。这个方法使用一段时间后，随着学生在你的课堂中感到越来越快乐轻松，随着你体验到冷静所带来的美好感受，你就不必在保持冷静这一点上花心思。因为它会融入到你的教学中，并成为你的生活方式。

每天早晨都要像这样让自己下定决心，来保持一天的冷静与淡定。这样你就能保持友善的态度，轻松地与学生们建立起融洽的关系，同时让兴奋性从你的课堂中彻底消失。

不厌其详

Teach In Detail

11 — 不厌其详

不厌其详的教学方式能激发学生的学习兴趣，也有助于他们取得学业进步。

优秀的课堂管理和教学的秘诀之一就是把你希望学生能够做的所有事情都详细地教给他们，无论你教的是日常规范、文化课，抑或是教学生如何收集用于做科学实验的材料。

那些忙于应对学生不守规矩和学生不认真听讲的教师，上课时往往会忽略细节，匆匆而过。他们之所以这样做，是因为担心讲得太详细会让学生感到厌倦，然后开始调皮捣蛋。然而事实上正相反，每一课的细微之处都很有趣，能够激发学生的兴趣，并有助于学生专心听讲。不厌其详的教学方式还能让学生知道，为了达到你的标准，他们需要做什么，从而帮助他们实现学业进步。

对于小学教师，这种教学方法会涉及大量的示范。学习任何新知识，你都需要做示范。你唯一不需要做示范的就是每天那些学生们已经证明他们能做到的事。除此之外，你都要设身处地去为他们着想，假装自己就是班级里的一名学生，准确地向他们表明你对他们的期望是什么。

如果你是一名高中教师，根据你所教的年级，你可以通过说明和适当地打手势来代替大部分示范，以此来表明你对他们的期望是什么。关键在于把你想让他们去做、去执行或去完成的一切事情都详细地教给他们。

清晰明确是重中之重，一定要做到不留任何知识死角，并解答学生们的所有疑问。再说一次，每一课的细微之处都很有趣，能使学生更深入地理解课的内容，从而为真正的独立学习做好准备。**重视细节是所有优秀教师的共同特质。**这是一个让教学更有趣、更有用和更有效的秘诀。

在接下来的几讲中，我们将围绕这个观点来展开。

从容不迫

Take Your Time

12 从容不迫

从容不迫地教，这样学生才能清楚地了解你对他们的预期是什么，从而引导他们取得一个又一个成功。

当你专注于讲解细微之处时，从容不迫很重要，不要急着把教学目标从你的教学计划清单上划掉，也不要把很多内容往一节课里塞。有趣的是，要想快速推进教学进度，你必须慢下来，并且讲解得更详细才行。因为教师在一节课上的出色发挥可以传递到下一节课，学生的听课状态和学习习惯也是如此。在教学上，如果你第一次就走对了路，就不用再重新尝试，而且你会养成越来越牢固的习惯。

教师在教学上投入的时间增加了，学生学到的东西也会增加，疑惑不解的情况就会逐渐消失。而且，随着时间的推移，完成每个教学目标所需的时间会越来越少。很快，你就能轻松地完成这门课程的教学。

　　教师所要秉持的理念就是一次只做一件事，要以正确的方式教，然后让学生们证明他们已经掌握，并能独立解决。接着继续做下一件事，并把它做好。**要杜绝平庸和敷衍，从一开始就养成一丝不苟的好习惯，并毫不松懈。**

　　在教学上存在问题的教师倾向于催促学生去进行常规练习、知识迁移或者独立学习，而他们根本不确定学生是否明确了解自己的预期要求。这很容易使学生养成做事马虎的坏习惯，甚至会延续到后续的课程学习和实践活动中。接下来，可以想见，学生开始不守规矩，而且在频率和严重程度上都有所增加。你让他们觉得你在拼命赶教学进度，于是学习对于学生来说成为一种煎熬。所以，一定要做到从容不迫。让你的学生和你一起活在当下。每天引导你的班级从一个成功走向下一个成功。

有效表扬

Praise

13
—
有
效
表
扬

为了能够让学生不断取得进步，必须给
予他们有价值的表扬作为反馈。

教学上的不厌其详和从容不迫为学生带来的进步，使你有足够多的机会给予学生真诚的表扬。这一点很重要，因为只要基于实实在在的进步，那么表扬就是你最有效的反馈方式。这样做非常明确地向学生传达了一个信息，即他们做对了，而且继续这样做，仍然是对的。

现在，有一点需要强调，错误的表扬，即仅仅达到了一般预期就给予的表扬，只会让学生感到困惑，并且削弱他们学习的动力，降低有质量的学习的标准。

那么，学生做到何种程度才是真正值得表扬的呢？一句话，正确地掌握了新知识，或者表现超出了你的班级或个别

学生此前所达到的水平。良好的行为表现也是一种预期。只有当一个学生在一段时间内（起码两周内），取得了显著的进步，你才应该对其进行表扬。

要让学生们觉得来自你的表扬珍贵且真诚，这样你的话对他们才有分量。这会使他们珍视你的话，并且渴望听到你的话。如此一来，当他们得到你的表扬时，他们会知道这是你对他们由衷的肯定，也是自己应得的。这样的表扬会让他们觉得很自豪，特别是当表扬来自一位令他们尊敬、钦佩并与之拥有重要关系的人。

当你引导学生成功地学习了一课又一课，并一路伴随着对他们表扬（因为他们掌握了新知识）时，成功就会成为你课堂中的一种常态。值得注意的是，你的表扬不可"用力过猛"。有时候最简省的用词或微微点头就能产生极其强大的效果。

　　总之，如果你看到学生掌握了新学到的知识，提高了技巧，有了更好的表现，或者付出了更大的努力，你就应该给予他们正反馈。如果他们所做的只是符合预期，是他们已经知道或以前就能做的事情，那么一定不要去表扬他们。

专攻一点

Teach One Thing

14

专攻一点

一次只专注于一个目标，从而使学生产生兴趣，保持学习状态，并远离不良行为。

继续探讨不厌其详且从容不迫的教学，以及通过表扬来提供反馈这个主题。一次只专注于一个明确的目标非常重要。你必须对于希望学生做到何种程度有明确的目标，否则不要开展任何教学或其他活动。

设定一个明确的目标能使你始终朝着目标前进。对这一点再怎么强调都不为过。这使你在教学、组织活动、讲故事、做示范，以及给出指导时具有一致性且突出重点。这样就能确保你的学生知道你对他们的预期是什么。

在课堂管理上存在问题的教师在教学上往往追求"面面俱到"。他们讲得太多，而且离题甚远。他们的教学中枝蔓过多，使学生偏离了教学的目标，而他们的教学目标很少从一开始就很明确。结果就是这些教师的课程很无聊，学生既茫然又厌倦。于是，他们开始胡思乱想，变得焦躁不安，然后开始调皮捣蛋。为了让他们专心听讲，你的教学必须做到有的放矢。也就是说，你要有一个想要达成的目标。这并不意味着你要教的课程中不能包含学生从以前课程中学习的技能和目标。这也不意味着你的课程将不具有挑战性或包含多个步骤。这意味着每个学生都很清楚你设定的目标。清楚到他们在任何时候都能告诉你这个目标是什么，以及他们为什么要做自己正在做的事情。这能让学生做到一直感兴趣、负责任、有目标，并远离不良行为。

在备课阶段，当你为设计课程而查资料时，只挑出一个重点，砍掉其他内容。然后，缩小范围，进行简化和深耕。

慢慢地教，把课程的精华讲出来。现在是时候展现你的激情
了，把课程讲得生动鲜活。你要让自己松弛下来，尽情地
表现。

要确保学生对你希望他们能做的、能执行的或能完成的
事情没有疑问，没有误解，没有不确定。**上好课是你最重要
的职责之一，仅次于保证学生的安全。**

在下一讲中，我们将谈一谈你的学生们以及他们的首要
责任。

移交责任

Shift Responsibility

15 移交责任

把学习的责任完全移交给学生，从而促进学生学习，并提高他们的成熟度和独立性。

在前面4讲中谈到的不厌其详、从容不迫、有效表扬和专攻一点，都是关于教学的。这些方法都是为了让学生专注于完成学习任务和远离不良行为，进而使学生为下一步做好准备，那就是你会把学习的责任完全移交给他们。

无论课程内容是什么，你教的每一课都应该留出一段时间让学生独立练习。无论个人任务还是小组任务，他们应该在完全没有你辅助的情况下独自完成。

把学习的责任完全移交给学生会让他们学到更多，变得更成熟，并产生内在激励，这比你能做的其他任何事情都更

有效。

    有些教师管得事无巨细，有些教师刚刚向全班讲完一个知识点，又给个别学生再讲一遍。他们不得不疲于应对学生的过度依赖、糟糕的学习习惯、不专心，以及伴随而来的不良行为。

    如果你为学生做了他们自己能做的事，如果你要始终督促、帮助和提示他们，你就制造了一种习得性无助的班级文化。你创建了一个班级，里面全是不成熟、依赖性强、不专心、对自己的能力缺乏信心的学生。因此，可以想见的是，他们非但不认真学习，还调皮捣蛋、找借口、歪在座位上、东张西望。

他们错误地认为自己离不开你。为了让他们摆脱这种想法，你的课要上得精彩，在为学生提供帮助时要非常慎重。你应该保持距离，对他们说："我知道你们能自己解决。""我相信你们。"或者简单地说："你们不需要我的帮助。"

你日复一日态度明确地告诉他们，他们就能够并且愿意这样做。随着时间的推移，他们会形成稳固的独立性。他们的听讲效果和专注度都会得到改善。这样做能培养他们的信心和耐性，还能赋予他们勇气和韧性，同时大幅提高他们的学业成绩。

下一讲我们将探讨在学生独立完成任务期间，你该做什么。

默默观察

Observe

16

默默观察

从远处默默地观察，能使教师真正地了解自己的班级，并且能有力地威慑学生的不良行为。

在高效地完成一堂课的教学之后，将学习的责任完全移交给学生，让他们独立或以小组的形式进行学习，从而使你有空闲对他们进行观察。坦率地讲，大多数教师没有这么做。他们要么忙着帮助一个又一个学生，要么忙着为下一个活动做准备。

但是观察至关重要，它能够使你真正地了解你的学生，以及他们的优势和不足。观察有助于你调整第二天的教学，以便更好地满足他们的需要。学生只要知道你在看着他们，并且你会一直如此，就能有效地威慑学生，从而使他们不敢调皮捣蛋。

在大多数课堂中，教师缺乏对学生真正的观察。在这样的课堂中，你会发现学生会利用教师疏于监督去聊天、胡闹以及干扰他人学习等。

事实上，好的观察应该不引起学生的注意。有时你可以站在学生后面几米远的地方，这样你就不会分散学生的注意力。有时你可以静静地在教室里走动，从学生的背后进行观察，同样，你应该保持一定的距离，使学生不会注意到你。

不受打断的独立学习是学生学业进步的关键。你必须给学生机会去应对你为他们设定的挑战。尽管清晰、详细的教学能使学生走向学业成功，但在掌握知识点上费些力气是好事。只有当我们注意到学生持续遭遇挫败时，才应该进行干预，说一些鼓励的话或给出一些简单的提示。否则，我们无异于让学生孤军奋战。

如果在学年中期读到这本书，你可能想慢点开始执行这一策略，先让学生进行几分钟的独立学习，然后在此基础上逐渐延长时间，直到你为讲下一课过渡而不得不终止他们的独立学习。

带着一个目标把课讲好，彻底摸清学生的理解情况，回答他们预先提出的每一个问题。然后让他们证明自己已经学会了。为他们提供达到目标所需的一切，然后你就默默地观察他们自由地讨论课本内容、做实验或解题。

牢牢掌控

Never Lose Control

17

牢牢掌控

如果仅有几个学生不守规矩，你应该照常执行你的课堂管理方案。如果不守规矩的学生比较多，责任在你，你必须立刻重新开始讲。

━━ 旦你重塑了你的课堂，并运用了以上每一条策略，学生的进步就会立竿见影。在最初几天里，你会注意到情况和以前有了很大的不同，尤其是学生的品行、成熟度和独立性都有了实质性的提高。

不过，在某些时候，你不可避免地要面对一个以上的学生同时不守规矩，对此你没必要过度担心。虽然这最终会变成一种罕见的情况，但是在开始的时候，学生会试探你是否真的做出了改变。然而当你真的做出了改变时，便会引发一个特定的反应，或者说我希望你遵循的经验策略。

当你看到几个学生同时不守规矩时，比如两个或三个，最多四个，你应该像平时那样依照课堂管理方案，平静地让他们接受惩罚，然后转过身，继续讲课。但是如果很多学生同时不守规矩，这提示你需要后退一步，退回他们开始不守规矩的那一刻，从那里重新开始讲。

换言之，出现这种情况责任在你。要么是你的教学和对他们的预期要求不够具体，要么就是你讲得太快。现在必须指出的是，如果你没有始终如一地执行课堂管理方案，也会发生这种情况。如果你没有依照既定方案执行，那么学生会在某个时候无视你的命令，为所欲为。如果是这样，你应该立即停下来，重新向他们阐明你的课堂管理方案，并郑重地承诺你会严格按照这个方案执行。

这样做背后的理念是，在事情开始恶化之前，立即重新

开始。这就好比，一旦发现火车有要脱轨的迹象，无论如何都不要继续前进。退回来，重申你对他们的预期，必要时进行示范和练习。将学生的不良行为和不服管教的态度扼杀在萌芽状态，以免生根立足。要向他们传递这样的信息：情况真的变了，你不会接受他们做任何低于他们最高水平的事。这将确保你永远不会再失去对课堂的掌控。

做到最好

Be Great

18 一做到最好

在这些方面做到最好，就会使你的学生产生内驱力，主动去听讲、学习和守规矩。

当你将前面17条策略结合到一起运用时，就会使学生们爱上你的课堂。这是你能给予他们的最好的奖励，而且他们愿意听讲、学习以及为你守规矩。前面17条策略会自然而然地使学生产生强大的内驱力，几乎可以完全消除你在教学工作中的压力。

成千上万的教师将这些策略付诸实践，并在课堂管理和教学上取得了非凡成就。

但是你必须全力以赴。你必须下定决心在这几件事上做到最好。要做的事情并不多，而且任何人都能做到，但挑挑拣拣或半途而废是不行的，只做到一般程度也是不行的。

因此，不要安于现状，不要退却，不要重拾坏习惯。只要运用你所学到的知识，尽力去做，每天都会有进步。把它变成一种技能，并成为你的第二天性，从而使你对你的学生、你的学校和更广阔的世界产生持久影响。

我保证，只要按照这些策略去做，会为你带来永久的改变，你的学生同样如此。

全方位提升课堂管理的
18条建议

以下是对本书要点的快速回顾，以便在你需要的时候，可以随时复习。

1. 通过清理教室让它变得干净整洁，来传达出这样一个信息，即这是一个追求卓越的地方。

2. 杜绝任何形式的摩擦，自然而然地建立起信任、尊重以及亲和感。

3. 为了培养学生的内驱力，不要用奖励来换取他们良好的表现。

4. 不要试图劝说学生守规矩，因为这会削弱你的权威，并使他们掌握主动权。

5. 制订课堂管理方案，以保障每个学生学习和享受学校生活的权利。

6. 向学生完整地阐明你的课堂管理方案，这样学生就不会产生误解，知道你的界线在哪里，以及如果越界了要接受什么惩罚。

7. 向学生承诺，你会严格按照自己对课堂管理方案的阐述去执行。

8. 把自己定位为一个密切监督学生课堂表现的人，并履行承诺，每次执行规则都做到始终如一。

9. 从早到晚你都要对学生保持友善。如此一来，你就能同学生轻松地建立起融洽的关系，并形成影响力。

10. 为了保持友善，消除课堂中的兴奋性，每天早上你要下决心无论发生什么事情，都要保持冷静。

11. 不厌其详的教学方式能激发学生的学习兴趣，也有助于他们取得学业进步。

12. 从容不迫地教，这样学生才能清楚地了解你对他们的预期是什么，从而引导他们取得一个又一个成功。

13. 为了能够让学生不断取得进步，必须给予他们有价值的表扬作为反馈。

14. 一次只专注于一个目标，从而使学生产生兴趣，保持学习状态，并远离不良行为。

15. 把学习的责任完全移交给学生，从而促进学生学习，并提高他们的成熟度和独立性。

16. 从远处默默地观察，能使教师真正地了解自己的班级，并且能有力地威慑学生的不良行为。

17. 如果仅有几个学生不守规矩，你应该照常执行你的课堂管理方案。如果不守规矩的学生比较多，责任在你，你必须立刻重新开始讲。

18. 在这些方面做到最好，就会使你的学生产生内驱力，主动去听讲、学习和守规矩。

构建融洽师生关系的
原则与策略

一　构建融洽师生关系的原则与策略

让学生感到无聊的8种行为

当学生感到无聊时，有的会心不在焉，有的会胡思乱想，有的会东张西望，有的会旷课逃学，有的可能会做出更加过分的事。因为无聊是滋生不良行为的温床。

尽管有很多解决方法，但是为了避免产生负面效果，首先要明确什么是不该做的。

以下是容易令学生感到无聊的8种常见行为。杜绝这8种导致注意力分散的行为，学生就会在学业上投入更多时间，并且更守规矩。

1.坐得太久

尽管提高学生在课堂学习时的注意力和独立学习时的专注度很重要，但是让学生坐得太久就会适得其反。优秀的教师往往善于观察，他们懂得何时该让学生"换换脑子"，放松一下。

2.说得太多

要让学生喘口气，否则他们会用无声的反抗把教室掀个底朝天。教师说得太多尤其会让学生感到窒息，这说明你不信任学生，从而导致学生无视你，并开始走神。教师说话越简练，学生的注意力就越集中。

3.把简单的事复杂化

许多教师误解了我们常说的精细严谨的含义，以为精细严谨就是要把教学弄得更复杂、更烦琐、更冗长，这是导致学生止步不前的主要因素。其实教师的工作恰恰相反，最高效的教师既重视讲解教学内容的细微之处，又能对教学内容进行简化、分解，并突出重点，从而让学生更容易掌握。

4.变有趣为无趣

以往的经历让学生觉得学习是枯燥的。其实大多数标准化课程的设置都十分巧妙，只是学生不了解这一点，教师的任务就是让他们了解并关注教学内容。然而很多教师只顾着讲课，却忘了最关键的一点，即让学生知道这门课的魅力所在。

5.空谈规矩，而无行动

在课堂管理方面存在问题的教师常常没完没了地对学

生讲要守规矩，还会开班会反复讨论。教师一遍又一遍地重复这些陈词滥调会令学生不堪忍受。有效的课堂管理在于行动，在于贯彻课堂管理方案，在于让学生负起责任，而不是仅停留在空谈上。

6.指示太多，观察太少

大部分教师不停地对学生做出各种指示、指导和微管理，导致学生疲于应付。这样做不仅效率极低，也削弱了学生的学习热情和动力。相反，依靠行之有效的课堂管理方案能够让学生时刻朝气蓬勃、积极活跃，并对自己的行为负责。如此一来，你就可以有更多的时间在远处默默地观察。

7.节奏缓慢，拖泥带水

优秀的教学就是对时间、行动和精力集中且高效的利用。

师生每天要在一次次干脆利落的课程教学或实践活动中度过。行动要迅速、主动，要让学生保持注意力高度集中，这样他们就不会心生无聊。

8.没有及时做出调整

尽管教师想在放学前争分夺秒地多讲点知识，但是如果看到学生开始萎靡不振，就必须及时做出调整，否则强迫学生继续学习也不会有什么效果。有时学生仅仅需要一些伸展四肢、放松身体的时间，而你可以充分利用剩余的时间。

让学习成为重心

能够长时间集中注意力是学习中一个关键却常被忽视的方面，所以尽可能让学生保持专注对他们是有益的。不过，要把握好分寸，一旦超出了学生能够承受的极限，他们就会感到无聊，从而导致不守规矩的现象的发生。好消息是，只要避免出现上述几个常见的错误，就能防止他们陷入无聊，从而让学习成为重心。

吸引学生注意力的4个关键

学生喜欢玩电子游戏、看动作片和低俗喜剧，喜欢打雪仗、玩滑板、参加生日派对、做极限运动，还喜欢大笑、刺激、挑战和冒险。

他们想在30英尺①高的悬崖边玩跳水，想玩高空滑索，想玩水滑梯，想踢进制胜球，想和一群朋友疯玩，想每周七天晚餐都吃披萨。只要他们醒着，心心念念的都是这些事。

———————

① 1英尺约等于0.3米。——编者注

然后他们带着这些念头走进了你的课堂。

诚然，你的职责不是取悦学生或者和外部的新鲜事物做斗争，但是如果不能吸引学生的注意力，让他们对你的课程和教学风格着迷，那么他们迟早会感到无聊。

就像太阳每天一定会升起一样，感到无聊的学生一定会不守规矩，并以种种令人难以接受的方式寻找满足感。

吸引并保持学生注意力的关键，在于利用几乎每个学生都有的4种渴望。

1. 冒险

学生都渴望冒险，如果在你的课堂上，你能以某种形式满足他们对冒险的渴望，哪怕只体验到一点点，他们都会爱上你的课堂。

例如组织寻宝游戏、徒步实地考察或者户外美术课，选择新奇领域的文章让学生大声朗读，模拟再现重大科学发现的场景，表演你最喜欢的作品中的某些章节，将重大历史时刻的情景再现出来，而不仅仅靠阅读课本来了解这些内容。

让学生深入到令他们昏昏欲睡的课程背后那些充满惊奇和冒险的故事里，并且一点点地加入新的元素，让他们在体验中学习。

2. 幽默

适度地把风趣和欢笑带入课堂，学生就会唯你马首是瞻。

除了讲故事外，幽默是融洽师生关系、影响学生行为最有效的方式。只要去细心感受，你会发现幽默无处不在。

在一间满是孩子的教室里，笑料更是随处可见。

但是这并不意味着放弃课堂规则或浪费学习时间。事实上，你只要偶尔幽默一下，让学生爱上你的课堂，他们就会更加守规矩，并更加喜欢学习。

3. 挑战

最幸福的人往往是做富有挑战性工作的人，而这类挑战要可以实现、可以操作，且不会令人气馁。这也是你吸引学生的方法。你必须不断地让学生去挑战他们认为自己能做到但并非绝对有把握的事。

最好的方法就是向学生发出挑战性的提问：谁认为自己能为全班同学演示这个实验？哪一组想破解这个问题？哪一对搭档可以最快、最好或准确无误地完成这个任务？

教师的职责是了解学生能做到什么程度，然后你就可以对他们提出更高的要求，从而使他们时时面对各种诱人的挑战。

4. 魅力
终于到了展现你作为教师和表演者个人魅力的环节了。每节课、每个活动都有你施展魅力的机会。

这个方法非常有效，并且可以用作不同途径。只有想不到的，没有做不到的。你大可尽情发挥，发掘课程中独特、神奇、惊人和神秘的一面，以此来吸引学生。

表面看来，这个方法并不吸引人，但其妙处在于把课程变成学生看得见、摸得着的东西。找到一个能激发学生兴趣的亮点，并使他们欲罢不能。

把课讲到学生的心坎上

如果你的课堂中不包含上述元素，如果你仅仅是照本宣科地进行教学，那么你在课堂管理方面的困扰就会无休止，而且学生在学业上取得进步也会变得艰难而缓慢。

然而，当你经常利用学生那些天生的渴望时，当你直接对着他们的内心，而不是对着耳朵或头顶讲话和教学时，他们就会睁大双眼，挺直腰板，充满学习的热情。

优秀课堂管理者应有的7种态度

读者来信中最常见的一个问题就是："怎样对待那些来自弱势家庭的学生？"这个问题从未难倒过我，因为坦率地讲，我的博客"智慧课堂管理"以及本书中的每一条策略都是从成长环境最恶劣学生的所在班级得出的。而这些恶劣的环境涵盖了你所能想象到的各种弱势、贫困、犯罪猖獗的状况。

其实，无论你在哪里教书，无论你教的是谁，你都完全有能力打造一个你理想中的课堂。而真正阻碍很多教师实现这一梦想的是一种消极的态度。

因为如果你不相信自己能够改变学生，如果你把责任都归咎于外部环境，或者你习惯于抱怨学生的构成和所在地区，那么你就无法实现这一切。以失败主义的视角来看问题，你将一事无成，而你的职业生涯注定会充满挫败和绝望。

以下是优秀课堂管理者需要具备的7种态度，如果你能好好运用，那么借用梭罗[①]的一句话，你就可以"获得平常意想不到的成功"。

你必须坚定信念

为了打造你理想中的课堂，你必须坚信自己能做到，而

---

① 亨利·戴维·梭罗（Henry David Thoreau, 1817—1862），美国超验主义作家、诗人及思想家，代表作《瓦尔登湖》等。——编者注

这不能仅仅是一种可能性，而是一个必然的结果。马上下定决心，抓住你心目中完美教学体验的画面，并把这个画面深深地刻在你的脑海里，坚信自己能够实现，直到一切都变成现实。

你必须相信学生

许多教师还没开始教就已经失败了，因为他们看着自己的学生，想的却是："这群孩子不可能成为我理想中的班集体。"而只要教师产生这种错误的想法，你和学生就真的没救了。相反，你要只看学生好的一面，只考虑可能性，只关注你希望他们成为什么样子，然后努力去实现。

你不能再找借口

教师往往容易把学生的不良行为归咎于他们的成长环

境，也容易把课堂的混乱归咎于家长和社区，甚至学校。这些因素是现成的替罪羊，只要需要，你随时可以拿出来批评一番。但事实上，只要你找借口，即便只是内心深处有这种想法，就等同于放弃了学生和你自己。

你必须有担当

不管这听起来有多难，你都要为课堂上的成功和失败负责。无论直接还是间接导致了问题的发生，你都要承担责任。通过为课堂上的每一件事负责，会让你瞬间变成一位更优秀、更高效的教师。

你必须坚持做对的事情

有时候你可能会对执行规则和惩罚、维护文明行为或者确保班级日常工作落实到位感到厌倦。有时候你可能有一种想要放手不管的强烈冲动。但是既然做了教师，不管你愿不愿意，不管你觉得这件事多么无伤大雅，或者即使到了学期的最后一分钟，你都要咬紧牙关坚持做对的事情。

你必须排除干扰

你周围总是不乏一些同事告诉你为什么打造一个理想中的课堂是根本做不到的。互相抱怨对工作的无望一直都是全世界的教师们茶余饭后的共同消遣。如果你愿意听，你会发现总有各种理由阻止你做这做那。但没有一条是对的。也许这仅对他们个人来说是对的，对所有人来说却并非如此，当然也并不适用于你。

你必须不断地学习课堂管理

学生对教师的行为和课堂管理方案都会做出一定的回

应，因此坚持采用那些有效的方法，你就会获得成功。但作为教师，必须在课堂管理方面不断地进步，要投入时间学习真正有效的课堂管理策略，并了解每个策略之间的关系。要知道，对课堂管理一知半解可能会使你工作变得更糟糕。

是的，你能做到

当周围所有人，包括同你关系最近的同事都认为你疯了，或者至少觉得你太过天真时，你的确很难保持积极的心态。但其实错的是他们，不是你。世界上有许许多多的教师，他们的教学环境之艰苦是我们难以想象的。如果他们都能享受教书的乐趣，那么你也一定能够做到。

你可以打造一个自己和学生都向往的课堂，你可以为学生提供一个可以停靠的避风港，你可以向学生传授令他们终身受益的爱、激励和经验。

　　但你必须有不同于大多数人的想法，走出一条属于自己的路。忽略那些说你做不到的刺耳声音，把所有盘桓在你脑海里的自暴自弃的想法和消极的态度统统丢掉，然后对它们彻底说再见。

　　打造一个理想的课堂关系重大，有太多的事要做，并且你的学生需要你这样做。

为什么教师不能和学生成为朋友

为了更有效地管理课堂，教师要和学生建立联系，即通过幽默、友好、亲和感等等，建立起能够影响学生表现的师生关系。这种关系会给你带来丰厚的回报。教师与学生之间的交往、信任和感情，使教学远远超越了单纯的工作，而被赋予了更深的意义。

但是在建立师生关系的过程中有一个禁忌，即教师不能和学生成为朋友。如果你想与学生建立同龄人般的朋友关系，那么你就是在搬起石头砸自己的脚。

原因如下：

他们不会再尊敬你

学生需要的是一个让他们尊敬的老师，而不是一起玩闹的伙伴。你毕竟不是他们的同龄人，那就不要装成同龄人的样子。当你试着跟学生讲流行语，刻意打扮时髦或者和他们过从甚密时，学生就不会再尊敬你。因为能够影响学生的是老师，而不是朋友。

他们不会再听你的

在和学生的互动中，过于不拘礼节会削弱你说话的力度。随着时间的推移，你的话就会逐渐失效，并且会有更多的学生表现出嚣张跋扈的态度。

他们会挑战你的权威

只要学生从你身上嗅到一丝"酷老师"的气息，他们就会挑战你，试探你。最后你很可能要和学生为争夺课堂的控制大权而展开对决。

规则将不再奏效

学生会时不时地违反一下规则，作为对你这种朋友式管理风格的回应。他们会在上课时不征得你的同意就走出教室，不举手就发言。学生觉得既然你是他们的朋友，那么规则对他们就不再适用了。

学生会把惩罚当成针对个人

学生在接受隔离处罚时，会把责任归咎到你身上，认为你的惩罚伤害了他们的感情，并且会迁怒于你。有的还会噘嘴，发脾气，甚至和你冷战。

学生的责任感会失效

只有学生发自内心地意识到自己的错误，责任感才会起作用。因此如果他们接受隔离处罚时，为你背叛了他们而生气，他们不仅不会意识到自己要承担责任，还会失去改正错误的动力。

课堂管理方案变得难以执行

当你执行惩罚时，如果学生表现激烈，你可能会不由自主地降低要求，小心翼翼地尽量不惹他们生气。这样非但不是你在影响学生，反而是学生控制了你。

建立师生关系的诀窍

建立师生关系的同时让学生清楚你的角色并非难事，只要遵循以下技巧，你就能够做好一名教师，而不是让他们失望的朋友。

- 做学生的教师、指导者和榜样，但绝不和他们成为朋友。
- 和学生保持礼貌但友好的职业距离。
- 可以给学生讲笑话，但要当着全班的面讲，不要区别对待。
- 不要用流行语和学生讲话。

- 做文明礼貌的表率，并期望学生也能如此对你。

- 拒绝任何学生添加你为社交网络好友的邀请。

- 严格执行课堂管理方案，并对所有学生一视同仁。

- 致力于打造一个学生喜爱和向往的课堂。

- 能够促使学生守规矩，并乐于学习的影响力并非来自同龄人般的友谊、不拘礼节或扮酷，而是来自学生对你的喜爱和尊敬。

- 如果学生因为你的友善和幽默而喜欢你，或者因为你言出必行而尊敬你，那么你的影响力自然会越来越强。

结语
当老师真好

结语 当老师真好

一个雨天的早晨，我开车去上班。在高速公路上，我从后视镜里瞥见一辆车在后面开得飞快。我靠近之后才发现，司机是我的一个同事。由于道路很滑，我开得非常小心，车速控制在每小时65英里①之内。在出高速之前，我刚刚驶进了一条长约1英里的匝道。

　　那位同事的车继续加速前进，越来越靠近我的车。起初我以为他认出了我，想以这种方式引起我的注意，但看到他漠然的神情之后，才发现并不是那么回事儿。他把我的车别到了一旁，逮到了超车的机会，从我旁边飞驰而过。这时我并没有刻意地把脸藏起来。不管以什么标准来衡量，我都没

──────────────
① 1英里约等于1.6公里。——编者注

有理由对自己的开车方式感到羞愧，让我不齿的是他和他那可鄙的行为。

现在，我们的车行驶在一条标准的市内道路上，他的车在前面晃晃悠悠地行驶着，到了相距半英里的地方突然左转，驶入了一条我并不熟悉的路线。我猜他可能发现了捷径，或者装作和我不认识。

当我把车开到离学校最近的一个拐角处时，我向右拐了进去，准备再左拐从入口进入车道。这时，我发现他从我的反方向驶过来。我们四目相对，他的脸因尴尬而变得煞白。我愠怒地打量了他一会儿，然后把车泊入了车位。

我对他很生气，不是因为他开车的方式——路上遇到鲁莽的司机是常有的事——而是因为他的自私自利。

　　我没有立即下车，而是坐在停车场里摆弄收音机，翻翻背包。我就这样拖延着，直到看见他进了学校大门。考虑到我当时愤怒的心情，我知道什么都不说才是上策。

　　当我穿过校园来到教室准备上课的时候，心中的怒气仍然未消。我绝不希望自己以这种状态去上课。尽管发生了这样的事情，但是工作还要继续。这就是作为教师最大的挑战之一，你必须时刻保持良好的精神状态，无论感到身体不适，还是情绪低落，抑或对同事感到愤怒。

　　在见学生之前，我做了几个深呼吸，努力让自己冷静下来。我在教室里来回踱步，边思考问题边等待上课铃声的响起。太阳刚刚从密布的乌云中露出脸来，铃声就响了。我走出教室，下定决心要把这件事抛到脑后，可依然做不到。

学生们在操场上兴高采烈地聊着天，稚嫩的脸上挂着迷人的笑容。走在最前面的几个学生看到了我，于是示意大家不要再讲话，把队列排整齐。当他们走到我面前时，我迅速清点了一下人数，而他们也注视着我，依旧面带微笑，兴奋地期待着新一天的开始。

我在清点人数的时候，脸上不禁露出了笑容。学生们也微笑着，扬起脸专注地看着我，期待着新的一天有趣的学习。这就是我梦想中的课堂。带他们去教室之前，我长长地吁了一口气，早上经历的不愉快也像散去的乌云一样消失了。

衷心地希望每一位教师都能打造出自己的梦想课堂。无论在哪里教书，无论遇到什么样的学生，你都可以掌控一切。

"常青藤"书系—中青文教师用书总目录

	书名	书号	定价
	特别推荐——从优秀到卓越系列		
★	从优秀教师到卓越教师:极具影响力的日常教学策略	9787515312378	33.80
★	从优秀教学到卓越教学:让学生专注学习的最实用教学指南	9787515324227	39.90
★	从优秀学校到卓越学校:他们的校长在哪些方面做得更好	9787515325637	59.90
★	卓越课堂管理(中国教育新闻网2015年度"影响教师的100本书")	9787515331362	88.00
	名师新经典/教育名著		
	最难的问题不在考试中:先别教答案,带学生自己找到想问的事	9787515365930	48.00
	在芬兰中小学课堂观摩研修的365日	9787515363608	49.00
★	马文·柯林斯的教育之道:通往卓越教育的路径(《中国教育报》2019年度"教师喜爱的100本书",中国教育新闻网"影响教师的100本书"。朱永新作序,李希贵力荐)	9787515355122	49.80
★	如何当好一名学校中层:快速提升中层能力、成就优秀学校的31个高效策略	9787515346519	49.00
★	像冠军一样教学:引领学生走向卓越的62个教学诀窍	9787515343488	49.00
	像冠军一样教学2:引领教师掌握62个教学诀窍的实操手册与教学资源	9787515352022	68.00
★	如何成为高效能教师	9787515301747	89.00
★	给教师的101条建议(第三版)(《中国教育报》"最佳图书"奖)	9787515342665	49.00
★	改善学生课堂表现的50个方法(入选《中国教育报》"影响教师的100本书")	9787500693536	33.00
	改善学生课堂表现的50个方法操作指南:小技巧获得大改变	9787515334783	39.00
	美国中小学世界历史读本 / 世界地理读本 / 艺术史读本	9787515317397等	106.00
	美国语文读本1-6	9787515314624等	252.70
	和优秀教师一起读苏霍姆林斯基	9787500698401	27.00
	快速破解60个日常教学难题	9787515339320	39.90
★	美国最好的中学是怎样的——让孩子成为学习高手的乐园	9787515344713	28.00
	建立以学习共同体为导向的师生关系:让教育的复杂问题变得简单	9787515353449	33.80
	教师成长/专业素养		
	如何更积极地教学	9787515369594	49.00
	教师的专业成长与评价性思考:专业主义如何影响和改变教育	9787515369143	49.90
	精益教育与可见的学习:如何用更精简的教学实现更好的学习成果	9787515368672	59.00
	教学这件事:感动几代人的教师专业成长指南	9787515367910	49.00
	如何更快地变得更好:新教师90天培训计划	9787515365824	59.90
	让每个孩子都发光:赋能学生成长、促进教师发展的KIPP学校教育模式	9787515366852	59.00
	60秒教师专业发展指南:给教师的239个持续成长建议	9787515366739	59.90
	通过积极的师生关系提升学生成绩:给教师的行动清单	9787515356877	49.00
	卓越教师工具包:帮你顺利度过从教的前5年	9787515361345	49.00
★	可见的学习与深度学习:最大化学生的技能、意志力和兴奋感	9787515361116	45.00
	学生教给我的17件重要的事:带给你爱、勇气、坚持与创意的人生课堂	9787515361208	39.80
★	教师如何持续学习与精进	9787515361109	39.00
	从实习教师到优秀教师	9787515358673	39.90
	像领袖一样教学:改变学生命运,使学生变得更好(中国教育新闻网2015年度"影响教师的100本书")	9787515355375	49.00
★	你的第一年:新教师如何生存和发展	9787515351599	33.80
	教师精力管理:让教师高效教学,学生自主学习	9787515349169	39.90
	如何使学生成为优秀的思考者和学习者:哈佛大学教育学院课堂思考解决方案	9787515348155	49.90
	反思性教学:一个已被证明能让教师做到更好的培训项目(30周年纪念版)	9787515347837	59.90
★	凭什么让学生服你:极具影响力的日常教育策略(中国教育新闻网2017年度"影响教师的100本书")	9787515347554	39.90
	运用积极心理学提高学生成绩(中国教育新闻网2017年度"影响教师的100本书")	9787515345680	59.90
	可见的学习与思维教学:成长型思维教学的54个教学资源:教学资源版	9787515354743	36.00

书名	书号	定价
可见的学习与思维教学：让教学对学生可见，让学习对教师可见（中国教育报2017年度"教师最喜爱的100本书"）	9787515345000	39.90
教学是一段旅程：成长为卓越教师你一定要知道的事	9787515344478	39.00
安奈特·布鲁肖写给教师的101首诗	9787515340982	35.00
万人迷老师养成宝典学习指南	9787515340784	28.00
中小学教师职业道德培训手册：师德的定义、养成与评估	9787515340777	32.00
成为顶尖教师的10项修炼（中国教育新闻网2015年度"影响教师的100本书"）	9787515334066	49.90
T.E.T.教师效能训练：一个已被证明能让所有年龄学生做到最好的培训项目（30周年纪念版）（中国教育新闻网2015年度"影响教师的100本书"）	9787515332284	49.00
教学需要打破常规：全世界最受欢迎的创意教学法（中国教育新闻网2015年度"影响教师的100本书"）	9787515331591	45.00
给幼儿教师的100个创意：幼儿园班级设计与管理	9787515330310	39.90
给小学教师的100个创意：发展思维能力	9787515327402	29.00
给中学教师的100个创意：如何激发学生的天赋和特长 / 杰出的教学 / 快速改善学生课堂表现	9787515330723等	87.90
以学生为中心的翻转教学11法	9787515328386	29.00
如何使教师保持职业激情	9787515305868	29.00
如何培训高效能教师：来自全美权威教师培训项目的建议	9787515324685	39.90
良好教学效果的12试金石：每天都需要专注的事情清单	9787515326283	29.90
让每个学生主动参与学习的37个技巧	9787515320526	45.00
给教师的40堂培训课：教师学习与发展的最佳实操手册	9787515352787	39.90
提高学生学习效率的9种教学方法	9787515310954	27.80
优秀教师的课堂艺术：唤醒快乐积极的教学技能手册	9787515342719	26.00
万人迷老师养成宝典（第2版）（入选《中国教育报》"2010年影响教师的100本书"）	9787515342702	39.00
高效能教师的9个习惯	9787500699316	26.00
课堂教学/课堂管理		
极简课堂管理法：给教师的18个精进课堂管理的建议	9787515369600	49.00
像行为管理大师一样管理你的课堂：给教师的课堂行为管理解决方案	9787515368108	59.00
差异化教学与个性化教学：未来多元课堂的智慧教学解决方案	9787515367095	49.00
如何设计线上教学细节：快速提升线上课程在线率和课堂学习参与度	9787515365886	49.00
设计型学习法：教学与学习的重新构想	9787515366982	59.00
让学习真正在课堂上发生：基于学习状态、高度参与、课堂生态的深度教学	9787515366975	49.00
让教师变得更好的75个方法：用更少的压力获得更快的成功	9787515365831	49.00
技术如何改变教学：使用课堂技术创造令人兴奋的学习体验，并让学生对学习记忆深刻	9787515366661	49.00
课堂上的问题形成技术：老师怎样做，学生才会提出好的问题	9787515366401	45.00
翻转课堂与项目式学习	9787515365817	45.00
优秀教师一定要知道的19件事：回答教师核心素养问题，解读为什么要向优秀者看齐	9787515366630	39.00
从作业设计开始的30个创意教学法：运用互动反馈循环实现深度学习	9787515366364	59.00
基于课堂中精准理解的教学设计	9787515365909	49.00
如何创建培养自主学习者的课堂管理系统	9787515365879	49.00
如何设计深度学习的课堂：引导学生学习的176个教学工具	9787515366715	49.90
如何提高课堂创意与参与度：每个教师都可以使用的178个教学工具	9787515365763	49.90
如何激活学生思维：激励学生学习与思考的187个教学工具	9787515365770	49.90
男孩不难教：男孩学业、态度、行为问题的新解决方案	9787515364827	49.00
高度参与的线上线下融合式教学设计：极具影响力的备课、上课、练习、评价项目教学法	9787515364438	49.00
跨学科项目式教学：通过"+1"教学法进行计划、管理和评估	9787515361086	49.00
课堂上最重要的56件事	9787515360775	35.00
全脑教学与游戏教学法	9787515360690	39.00
深度教学：运用苏格拉底式提问法有效开展备课设计和课堂教学	9787515360591	49.90

	书名	书号	定价
★	一看就会的课堂设计：三个步骤快速构建完整的课堂管理体系	9787515360584	39.90
	如何有效激发学生学习兴趣	9787515360577	38.00
	如何解决课堂上最关键的9个问题	9787515360195	49.00
	多元智能教学法：挖掘每一个学生的最大潜能	9787515359885	39.90
★	探究式教学：让学生学会思考的四个步骤	9787515359496	39.00
	课堂提问的技术与艺术	9787515358925	49.00
	如何在课堂上实现卓越的教与学	9787515358321	49.00
	基于学习风格的差异化教学	9787515358437	39.90
★	如何在课堂上提问：好问题胜过好答案	9787515358253	39.00
★	高度参与的课堂：提高学生专注力的沉浸式教学	9787515357522	39.90
	让学习变得有趣	9787515357782	39.00
★	如何利用学校网络进行项目式学习和个性化学习	9787515357591	39.90
	基于问题导向的互动式、启发式与探究式课堂教学法	9787515356792	49.00
	如何在课堂中使用讨论：引导学生讨论式学习的60种课堂活动	9787515357027	38.00
	如何在课堂中使用差异化教学	9787515357010	39.90
★	如何在课堂中培养成长型思维	9787515356754	39.90
	每一位教师都是领导者：重新定义教学领导力	9787515356518	39.90
★	教室里的1-2-3魔法教学：美国广泛使用的从学前到八年级的有效课堂纪律管理	9787515355986	39.90
	如何在课堂中使用布卢姆教育目标分类法	9787515355658	39.00
	如何在课堂上使用学习评估	9787515355597	39.00
	7天建立行之有效的课堂管理系统：以学生为中心的分层式正面管教	9787515355269	29.90
	积极课堂：如何更好地解决课堂纪律与学生的冲突	9787515354590	38.00
	设计智慧课堂：培养学生一生受用的学习习惯与思维方式	9787515352770	39.00
	追求学习结果的88个经典教学设计：轻松打造学生积极参与的互动课堂	9787515353524	39.00
	从备课开始的100个课堂活动设计：创造积极课堂环境和学习乐趣的教师工具包	9787515353432	33.80
	老师怎么教，学生才能记得住	9787515353067	48.00
	多维互动式课堂管理：50个行之有效的方法助你事半功倍	9787515353395	39.80
	智能课堂设计清单：帮助教师建立一套规范程序和做事方法	9787515352985	49.90
	提升学生小组合作学习的56个策略：让学生变得专注、自信、会学习	9787515352954	29.90
	快速处理学生行为问题的52个方法：让学生变得自律、专注、爱学习	9787515352428	39.00
	王牌教学法：罗恩·克拉克学校的创意课堂	9787515352145	39.80
	让学生快速融入课堂的88个趣味游戏：让上课变得新颖、紧凑、有成效	9787515351889	39.00
★	如何调动与激励学生：唤醒每个内在学习者（李希贵校长推荐全校教师研读）	9787515350448	39.80
	合作学习技能35课：培养学生的协作能力和未来竞争力	9787515340524	59.00
	基于课程标准的STEM教学设计：有趣有料有效的STEM跨学科培养教学方案	9787515349879	68.00
	如何设计教学细节：好课堂是设计出来的	9787515349152	39.00
	15秒课堂管理法：让上课变得有料、有趣、有秩序	9787515348490	49.00
	混合式教学：技术工具辅助教学实操手册	9787515347073	39.80
	从备课开始的50个创意教学法	9787515346618	39.00
	中学生实现成绩突破的40个引导方法	9787515345192	33.00
	给小学教师的100个简单的科学实验创意	9787515342481	39.00
	老师如何提问，学生才会思考	9787515341217	49.00
	教师如何提高学生小组合作学习效率	9787515340340	39.00
	卓越教师的200条教学策略	9787515340401	49.90
	中小学生执行力训练手册：教出高效、专注、有自信的学生	9787515335384	49.90
	从课堂开始的创客教育：培养每一位学生的创造能力	9787515342047	33.00
	提高学生学习专注力的8个方法：打造深度学习课堂	9787515333557	35.00
	改善学生学习态度的58个建议	9787515324067	36.00

书名	书号	定价
★ 全脑教学（中国教育新闻网2015年度"影响教师的100本书"）	9787515323169	38.00
★ 全脑教学与成长型思维教学：提高学生学习力的92个课堂游戏	9787515349466	39.00
哈佛大学教育学院思维训练课：让学生学会思考的20个方法	9787515325101	59.90
完美结束一堂课的35个好创意	9787515325163	28.00
如何更好地教学：优秀教师一定要知道的事	9787515324609	49.90
带着目的教与学	9787515323978	39.90
美国中小学生社会技能课程与活动（学前阶段/1-3年级/4-6年级/7-12年级）	9787515322537等	215.70
彻底走出教学误区：开启轻松智能课堂管理的45个方法	9787515322285	28.00
破解问题学生的行为密码：如何教好焦虑、逆反、孤僻、暴躁、早熟的学生	9787515322292	36.00
13个教学难题解决手册	9787515320502	28.00
★ 让学生爱上学习的165个课堂游戏	9787515319032	39.00
美国学生游戏与素质训练手册：培养孩子合作、自尊、沟通、情商的103种教育游戏	9787515325156	49.00
老师怎么说，学生才会听	9787515312057	39.00
快乐教学：如何让学生积极与你互动（入选《中国教育报》"影响教师的100本书"）	9787500696087	29.00
老师怎么教，学生才会提问	9787515317410	29.00
快速改善课堂纪律的75个方法	9787515313665	39.90
教学可以很简单：高效能教师轻松教学7法	9787515314457	39.00
好老师可以避免的20个课堂错误（入选《中国教育报》"影响教师的100本图书"）	9787500688785	39.90
好老师应对课堂挑战的25个方法（《给教师的101条建议》作者新书）	9787500699378	25.00
好老师激励后进生的21个课堂技巧	9787515311838	39.80
开始和结束一堂课的50个好创意	9787515312071	29.80
好老师因材施教的12个方法（美国著名教师伊莉莎白"好老师"三部曲）	9787500694847	22.00
如何打造高效能课堂	9787500680666	29.00
合理有据的教师评价：课堂评估衡量学生进步	9787515330815	29.00
班主任工作/德育		
★ 北京四中8班的教育奇迹	9787515321608	36.00
师德教育培训手册	9787515326627	29.80
中小学教师职业道德培训手册：师德的定义、养成与评估	9787515340777	32.00
好老师征服后进生的14堂课（美国著名教师伊莉莎白"好老师"三部曲）	9787500693819	39.90
优秀班主任的50条建议：师德教育感动读本（《中国教育报》专题推荐）	9787515305752	23.00
学校管理/校长领导力		
哈佛大学教育学院学校创新管理课	9787515369389	59.90
如何构建积极型学校	9787515368818	49.90
卓越课堂的50个关键问题	9787515366678	39.00
如何培育卓越教师：给学校管理者的行动清单	9787515357034	39.00
★ 学校管理最重要的48件事	9787515361055	39.80
重新设计学习和教学空间：设计利于活动、游戏、学习、创造的学习环境	9787515360447	49.90
重新设计一所好学校：简单、合理、多样化地解构和重塑现有学习空间和学校环境	9787515356129	49.00
让樱花绽放英华	9787515355603	79.00
学校管理者平衡时间和精力的21个方法	9787515349886	29.90
校长引导中层和教师思考的50个问题	9787515349176	29.00
如何定义、评估和改变学校文化	9787515340371	29.80
优秀校长一定要做的18件事（入选《中国教育报》"2009年影响教师的100本书"）	9787515342733	39.90
学科教学/教科研		
中学古文观止50讲：文言文阅读能力提升之道	9787515366555	59.90
完美英语备课法：用更短时间和更少材料让学生高度参与的100个课堂游戏	9787515366524	49.00
人大附中整本书阅读取胜之道：让阅读与作文双赢	9787515364636	59.90
北京四中语文课：千古文章	9787515360973	59.00

书名	书号	定价
北京四中语文课：亲近经典	9787515360980	59.00
从备课开始的56个英语创意教学：快速从小白老师到名师高手	9787515359878	49.90
美国学生写作技能训练	9787515355979	39.90
《道德经》妙解、导读与分享（诵读版）	9787515351407	49.00
京沪穗江浙名校名师联手教你：如何写好中考作文	9787515356570	49.90
京沪穗江浙名校名师联手授课：如何写好高考作文	9787515356686	49.80
★ 人大附中中考作文取胜之道	9787515345567	59.90
★ 人大附中高考作文取胜之道	9787515320694	49.90
★ 人大附中学生这样学语文：走近经典名著	9787515328959	49.90
四界语文（入选《中国教育报》2017年度"教师喜爱的100本书"）	9787515348483	49.00
让小学一年级孩子爱上阅读的40个方法	9787515307589	39.90
让学生爱上数学的48个游戏	9787515326207	26.00
轻松100课教会孩子阅读英文	9787515338781	88.00

情商教育/心理咨询

书名	书号	定价
教师焦点解决方案：运用焦点解决方案管理学生情绪与行为	9787515369471	49.90
9节课，教你读懂孩子：妙解亲子教育、青春期教育、隔代教育难题	9787515351056	39.80
★ 学生版盖洛普优势识别器（独一无二的优势测量工具）	9787515350387	169.00
与孩子好好说话（获"美国国家儿出版物（NAPPA）金奖"）	9787515350370	39.80
中小学心理教师的10项修炼	9787515309347	36.00
★ 别和青春期的孩子较劲（增订版）（入选《中国教育报》"2009年影响教师的100本书"）	9787515343075	39.90
★ 100条让孩子胜出的社交规则	9787515327648	28.00
守护孩子安全一定要知道的17个方法	9787515326405	32.00

幼儿园/学前教育

书名	书号	定价
中挪学前教育合作式学习：经验·对话·反思	9787515364858	79.00
幼小衔接听读能力课	9787515364643	33.00
用蒙台梭利教育法开启0～6岁男孩潜能	9787515361222	45.00
德国幼儿的自我表达课：不是孩子爱闹情绪，是她/他想说却不会说！	9787515359458	59.00
德国幼儿教育成功的秘密：近距离体验德国学前教育理念与幼儿园日常活动安排	9787515359465	49.80
美国儿童自然拼读启蒙课：至关重要的早期阅读训练系统	9787515351933	49.80
幼儿园30个大主题活动精选：让工作更轻松的整合技巧	9787515339627	39.80
★ 美国幼儿教育活动大百科：3-6岁儿童学习与发展指南用书 科学/艺术/健康与语言/社会	9787515324265等	600.00
蒙台梭利早期教育法：3-6岁儿童发展指南（理论版）	9787515322544	29.80
蒙台梭利儿童教育手册：3-6岁儿童发展指南（实践版）	9787515307664	33.00
★ 自由地学习：华德福的幼儿园教育	9787515328300	49.90
赞美你：奥巴马给女儿的信	9787515303222	19.90
史上最接地气的幼儿书单	9787515329185	39.80

教育主张/教育视野

书名	书号	定价
重新定义学习：如何设计未来学校与引领未来学习	9787515367484	49.90
教育新思维：帮助孩子达成目标的实战教学法	9787515365848	49.00
学习是如何发生的：教育心理学中的开创性研究及其实践意义	9787515366531	59.90
父母不应该错过的犹太人育儿法	9787515365688	59.00
如何在线教学：教师在智能教育新形态下的生存与发展	9787515365855	49.00
正向养育：黑幼龙的慢养哲学	9787515365671	39.90
颠覆教育的人：蒙台梭利传	9787515365572	59.90
如何科学地帮助孩子学习：每个父母都应知道的77项教育知识	9787515368092	59.00
学习的科学：每位教师都应知道的99项教育研究成果（升级版）	9787515368078	59.90
学习的科学：每位教师都应知道的77项教育研究成果	9787515364094	59.00

书名	书号	定价
真实性学习：如何设计体验式、情境式、主动式的学习课堂	9787515363769	49.00
哈佛前1%的秘密（俞敏洪、成甲、姚梅林、张梅玲推荐）	9787515363349	59.90
基于七个习惯的自我领导力教育设计：让学校育人更有道，让学生自育更有根	9787515362809	69.00
终身学习：让学生在未来拥有不可替代的决胜力	9787515360560	49.90
颠覆性思维：为什么我们的阅读方式很重要	9787515360393	39.90
如何教学生阅读与思考：每位教师都需要的阅读训练手册	9787515359472	39.00
成长型教师：如何持续提升教师成长力、影响力与教育力	9787515368689	48.00
教出阅读力	9787515352800	39.90
为学生赋能：当学生自己掌控学习时，会发生什么	9787515352848	33.00
如何用设计思维创意教学：风靡全球的创造力培养方法	9787515352367	39.80
如何发现孩子：实践蒙台梭利解放天性的趣味游戏	9787515325750	32.00
如何学习：用更短的时间达到更佳效果和更好成绩	9787515349084	49.00
教师和家长共同培养卓越学生的10个策略	9787515331355	27.00
★ 如何阅读：一个已被证实的低投入高回报的学习方法	9787515346847	39.00
芬兰教育全球第一的秘密（钻石版）（《中国教育报》等主流媒体专题推荐）	9787515359922	59.00
世界最好的教育给父母和教师的45堂必修课（《芬兰教育全球第一的秘密》2）	9787515342696	28.00
★ 杰出青少年的7个习惯（精英版）	9787515342672	39.00
★ 杰出青少年的7个习惯（成长版）	9787515335155	29.00
★ 杰出青少年的6个决定（领袖版）（全国优秀出版物奖）	9787515342658	49.90
7个习惯教出优秀学生（第2版）（全球畅销书《高效能人士的七个习惯》教师版）	9787515342573	39.90
学习的科学：如何学习得更好更快（入选中国教育网2016年度"影响教师的100本书"）	9787515341767	39.80
杰出青少年构建内心世界的5个坐标（中国青少年成长公开课）	9787515314952	59.00
★ 跳出教育的盒子（第2版）（美国中小学教学经典畅销书）	9787515344676	35.00
夏烈教授给高中生的19场讲座	9787515318813	29.90
学习之道：美国公认经典学习书	9787515342641	39.00
翻转学习：如何更好地实践翻转课堂与慕课教学（中国教育新闻网2015年度"影响教师的100本书"）	9787515334837	32.00
翻转课堂与慕课教学：一场正在到来的教育变革	9787515328232	26.00
翻转课堂与混合式教学：互联网+时代，教育变革的最佳解决方案	9787515349022	29.80
翻转课堂与深度学习：人工智能时代，以学生为中心的智慧教学	9787515351582	29.80
奇迹学校：震撼美国教育界的教学传奇（中国教育新闻网2015年度"影响教师的100本书"）	9787515327044	36.00
学校是一段旅程：华德福教师1—8年级教学手记	9787515327945	49.00
★ 高效能人士的七个习惯（30周年纪念版）（全球畅销书）	9787515360430	79.00

您可以通过如下途径购买：

1. 书　　店：各地新华书店、教育书店。
2. 网上书店：当当网（www.dangdang.com）、天猫（zqwts.tmall.com）、京东网（www.jd.com）。
3. 团　　购：各地教育部门、学校、教师培训机构、图书馆团购，可享受特别优惠。
　　购书热线：010-65511272 / 65516873